AF322170

MINISTÈRE
DES
TRAVAUX PUBLICS.

DIRECTION
DU CABINET
ET
DU PERSONNEL

1re DIVISION
DU PERSONNEL.

1er BUREAU.

ORGANISATION
DU SERVICE DU CONTRÔLE
DES CHEMINS DE FER.

NOTE

sur les origines, les transformations successives et la constitution
actuelle de ce service.

Avant 1835, il n'existait en France que deux chemins de fer, ceux
de Saint-Étienne et de Denain destinés au transport de la houille. La
surveillance de ces lignes était exercée, sous l'autorité des préfets,
par les ingénieurs des mines ou des ponts et chaussées de la région.

Après la construction des chemins de fer de Saint-Germain et
de Versailles (rive droite et rive gauche), la surveillance du matériel, de la voie de fer et de l'exploitation proprement dite fut
confiée pour l'ensemble du réseau à un ingénieur en chef des mines,
celle des ouvrages d'art et des terrassements à un ingénieur en chef
des ponts et chaussées. Les préfets s'en occupaient également chacun
dans son département.

Une ordonnance du 22 juin 1842 créa une commission supérieure
chargée de donner son avis sur les taxes de chemins de fer et une
commission administrative qui était consultée sur les questions ré-

I.

Origines.
Historique
jusqu'en 1846.

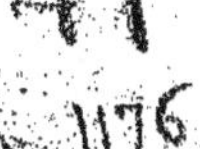

glementaires et autres relatives à l'établissement et à l'exploitation des voies ferrées.

En 1843, après l'ouverture des chemins de fer de Rouen et d'Orléans, une première centralisation du service du contrôle eut lieu entre les mains du préfet de police pour le matériel et l'exploitation; les questions de tarif étaient élaborées à la préfecture de police et résolues par décisions de l'Administration supérieure.

Vers 1844, un ingénieur ordinaire fut placé sous les ordres de chaque ingénieur en chef. En même temps, des commissaires spéciaux de police et des agents de surveillance furent chargés, sous la direction des préfets, de la police des voies ferrées.

Les commissaires de police spéciaux étaient nommés par ordonnance royale, sur la désignation du Ministre des travaux publics et le rapport du Ministre de l'intérieur.

Les agents de surveillance étaient nommés par arrêté du Ministre des travaux publics.

II.

Organisation créée par l'ordonnance de 1846.

Dispositions générales.

L'ordonnance du 15 novembre 1846, rendue en exécution de la loi du 11 juin 1842 relative à l'exécution des grandes lignes de chemins de fer et de la loi du 15 juillet 1845 sur la police des chemins de fer, organisa d'une manière plus complète le service du contrôle de l'exploitation des chemins de fer en France.

Aux termes de l'article 51 de cette ordonnance, ce contrôle devait s'exercer concurremment :

Par les commissaires royaux;

Par les ingénieurs des ponts et chaussées et les ingénieurs des mines et par les conducteurs, gardes-mines et autres agents sous leurs ordres;

Par les commissaires spéciaux de police et les agents sous leurs ordres.

Les commissaires royaux étaient chargés (article 52) :

De surveiller le mode d'application des tarifs approuvés et l'exécution des mesures prescrites pour la réception et l'enregistrement des colis, leur transport et leur remise aux destinataires;

De veiller à l'exécution des mesures approuvées et prescrites pour que le service des transports ne soit pas interrompu aux points extrêmes des lignes en communication l'une avec l'autre;

De vérifier les conditions des traités qui seraient passés par les compagnies avec les entreprises de transport par terre et par eau en correspondance avec les chemins de fer, et de signaler toutes les infractions au principe de l'égalité des taxes;

De constater le mouvement de la circulation des voyageurs et des marchandises sur les chemins fer, les dépenses d'entretien et d'exploitation, et les recettes.

Pour l'exécution de l'article ci-dessus, les compagnies étaient tenues (art. 53) de représenter, à toute réquisition, aux commissaires royaux leurs registres de dépenses et de recettes.

A l'égard des chemins de fer pour lesquels les compagnies auraient obtenu de l'État soit un prêt avec intérêt privilégié, soit la garantie d'un minimum d'intérêt, ou pour lesquels l'État devrait entrer en partage des produits nets, les commissaires royaux exerçaient toutes les autres attributions déterminées par les règlements spéciaux à intervenir dans chaque cas particulier (art. 54).

Les ingénieurs, les conducteurs et autres agents du service des ponts et chaussées étaient spécialement chargés de surveiller l'état de la voie de fer, des terrassements, des ouvrages d'art et des clôtures (art. 55).

Les ingénieurs des mines, les gardes-mines et autres agents du service des mines étaient spécialement chargés de surveiller l'état des machines fixes et locomotives employées à la traction des con-

1.

vois et en général de tout le matériel roulant servant à l'exploitation (art. 56).

Ils pouvaient être suppléés par les ingénieurs, conducteurs et autres agents du service des ponts et chaussées, et réciproquement.

Attributions des commissaires spéciaux de police et des agents sous leurs ordres. Les commissaires spéciaux de police et les agents sous leurs ordres étaient chargés particulièrement de surveiller la composition, le départ, l'arrivée, la marche et les stationnements des trains; l'entrée, le stationnement et la circulation des voitures dans les cours et stations; l'admission du public dans les gares et sur les quais des chemins de fer (art. 57).

Institution des préfets centralisateurs. L'article 71 du règlement portait que lorsqu'un chemin de fer traversait plusieurs départements, les attributions conférées aux préfets pourraient être centralisées en tout ou en partie dans les mains de l'un des préfets des départements traversés.

III. Création de la commission générale des chemins de fer. Une ordonnance du 6 août 1847 réunit en une commission générale les deux commissions créées en 1842. Cette commission était divisée en quatre sections.

1° Celle des tracés, consultée après le conseil général des ponts et chaussées sur le choix à faire entre les directions proposées;

2° Celle de l'exploitation technique;

3° Celle de l'exploitation commerciale;

4° Celle des règlements.

Cette commission, composée de membres des Chambres, du Conseil d'État, de l'Académie des sciences, des corps des ponts et chaussées et des mines, était présidée par le Ministre et donnait son avis, soit en assemblée générale, soit en assemblée de section ou de sections réunies, sur toutes les questions intéressant les chemins de fer.

Le 6 novembre 1847, une décision ministérielle vint modifier l'organisation du service du contrôle. Les lignes de chemins de fer aboutissant à Paris furent partagées entre les deux ingénieurs en chef alors chargés concurremment du contrôle.

L'un fut chargé de l'ensemble du service sur les lignes de Paris à Rouen, de Rouen au Havre, de Paris à Saint-Germain et à Versailles, et de Paris à Sceaux.

L'autre ingénieur en chef fut chargé du service des chemins de fer du Nord, de Paris à Orléans et du Centre.

Chacun de ces ingénieurs en chef avait sous ses ordres des ingénieurs ordinaires des ponts et chaussées et des mines, des conducteurs des ponts et chaussées et des gardes-mines. Les commissaires de police spéciaux et les agents de surveillance furent placés pour une partie de leurs attributions sous la direction des ingénieurs du contrôle.

Un arrêté ministériel du 20 mars 1848 vint apporter une importante modification à l'organisation du service.

Les commissaires royaux furent supprimés et remplacés par les inspecteurs de l'exploitation commerciale des chemins de fer, qui devaient exercer, sous la direction des ingénieurs en chef chargés alors de centraliser le service du contrôle, la surveillance de l'exploitation commerciale et des opérations financières des compagnies concessionnaires.

Ces inspecteurs étaient spécialement chargés d'examiner les propositions des compagnies touchant l'application ou la modification des tarifs, la perception des taxes et des frais accessoires, les conventions et traités passés par les compagnies avec les expéditeurs de transports; de constater le mouvement de la circulation, les dépenses et les recettes de l'exploitation, etc.

Ils devaient être consultés sur la fixation des heures de départ et d'arrivée des convois, sur l'organisation du service des trains et sur les règlements de service et d'exploitation des compagnies, toutes les

---

IV.
Modifications apportées à l'organisation en 1847 et 1848.
—
Centralisation régionale de service entre les mains d'un seul ingénieur en chef.

Suppression des commissaires royaux, des commissaires de police spéciaux et des agents de surveillance.

fois que les dispositions de ces règlements se rapportaient à des objets placés dans leurs attributions.

Les commissaires de police spéciaux et les agents de surveillance furent à leur tour supprimés par un arrêté du Chef du pouvoir exécutif, du 29 juillet 1848, et remplacés par des agents à qui l'on donna le titre de *commissaires et sous-commissaires de surveillance administrative des chemins de fer*. Ces agents, nommés directement par le Ministre des travaux publics, étaient respectivement placés sous la direction des ingénieurs des ponts et chaussées, des ingénieurs des mines et des inspecteurs de l'exploitation commerciale, pour les diverses branches du service attribuées à ces divers fonctionnaires.

Création
de la commission
centrale
des chemins de fer.

Un autre arrêté du même jour remplaçait la commission générale par une commission centrale des chemins de fer composée de quinze membres, chargée de donner son avis sur l'étude et le choix des tracés, l'établissement de la voie de fer et de ses accessoires, le matériel, l'exploitation technique et commerciale, l'établissement des gares et stations, les règlements de police, les lois et cahiers des charges des concessions, et, en général, sur toutes les questions concernant les rapports des compagnies avec l'Administration. Les questions d'expropriation, de terrassements, ouvrages d'art, et les règlements de comptes restaient dans les attributions du conseil général des ponts et chaussées.

V.

Modifications
édictées par la loi
du 27 février 1850,
l'arrêté
du 15 avril 1850
et le règlement
d'administration
publique
du 27 mars 1851.

De nouvelles et importantes modifications furent introduites dans le contrôle par la loi du 27 février 1850 et par l'arrêté ministériel du 15 avril de la même année, qui détermina avec précision les attributions des différents fonctionnaires préposés au contrôle, et les règles à suivre pour l'instruction et l'expédition des affaires.

Suppression
des préfets
centralisateurs.

L'institution des préfets centralisateurs, qui avait été établie pour la plupart des lignes en exploitation, en vertu de la faculté conférée par l'article 71 du règlement du 15 novembre 1846, cessa d'exister. Le Ministre des travaux publics se réserva le soin de statuer directement sur tout ce qui concernait le service général de l'exploitation et sur toutes les mesures qui s'appliquaient à l'ensemble de la circulation ; l'exécution des mesures d'intérêt local resta seule confiée au préfet de chaque département.

Les mesures qui concernaient les machines à vapeur fixes destinées à mettre en mouvement les appareils de réparations ou à faire marcher les pompes d'alimentation des prises d'eau pour les machines locomotives restaient dans les attributions des préfets de chaque département, mais la surveillance de ces machines fixes et appareils à vapeur était confiée aux ingénieurs du contrôle.

Comme il a été dit plus haut, le service du contrôle avait été partagé en 1847 entre deux ingénieurs en chef, qui surveillaient chacun plusieurs lignes. A dater de 1850, un ingénieur en chef des ponts et chaussées ou des mines fut préposé au service de chaque ligne dans toute son étendue : il réunit dans ses attributions les chemins différents qui étaient en rapport de correspondance et avaient des intérêts communs. Ce chef de service surveillait l'entretien des terrassements et ouvrages de toute nature, de la voie de fer et du matériel, ainsi que l'exploitation technique, c'est-à-dire la composition et le mouvement des convois, le service intérieur des gares, les signaux, etc.

Il contrôlait les opérations de chaque compagnie pour l'exploitation commerciale, c'est-à-dire pour l'application des tarifs et la perception des taxes. Il notifiait à la compagnie les décisions ministérielles et les arrêtés des préfets, qui lui étaient communiqués à cet effet; il transmettait aux préfets avec ses observations et son avis, et dans la huitaine, les procès-verbaux dressés par les fonctionnaires placés sous ses ordres, pour les contraventions aux lois et règlements de grande voirie; il adressait au parquet dans la huitaine son avis et ses observations sur les procès-verbaux constatant des contraventions de la compagnie, de ses agents ou des particuliers aux règlements concernant l'exploitation.

Il recevait de la compagnie les communications et avis qui devaient, aux termes du règlement du 15 novembre 1846, être adressés aux anciens commissaires royaux. Il rendait compte dans un rapport mensuel au Ministre de l'agriculture, du commerce et des travaux publics de tous les faits intéressants et de la marche générale du service dans le mois écoulé. Il faisait connaître notamment tous les accidents, même les plus légers, survenus dans l'exploitation, leur caractère, leurs conséquences et autant que possible leurs causes. Il signalait à l'Administration supérieure les améliorations à apporter au service, les mesures qu'il pouvait y avoir lieu de recommander et même, dans certains cas, de prescrire à la compagnie, etc.

L'ingénieur en chef avait sous ses ordres :

Des ingénieurs des ponts et chaussées ;

Des ingénieurs des mines ;

Des inspecteurs de l'exploitation commerciale ;

Des conducteurs des ponts et chaussées ;

Des gardes-mines ;

Des commissaires de surveillance administrative.

Attributions des ingénieurs ordinaires des ponts et chaussées. — Les ingénieurs ordinaires des ponts et chaussées étaient chargés des mesures concernant la conservation des ouvrages, l'entretien des clôtures, l'entretien de la voie de fer, la surveillance des voies, la garde et l'éclairage des passages à niveau ; ils étaient consultés, concurremment avec les ingénieurs des mines, sur les questions de nature mixte qui intéressaient à la fois les deux services.

Attributions des ingénieurs des mines. — Les ingénieurs des mines étaient chargés de tout ce qui concernait la réception et l'entretien des machines à vapeur fixes, des machines locomotives et des voitures ; la fixation des heures de départ et d'arrivée; le nombre et la succession des convois de toute nature; la composition et le mouvement des trains; les signaux, etc.

Les inspecteurs de l'exploitation commerciale vérifiaient les propositions faites par les compagnies pour l'application ou la modification des tarifs, et surveillaient la perception des taxes et frais accessoires; ils constataient le mouvement de la circulation, les dépenses et les recettes de l'exploitation; ils étaient consultés, au point de vue des intérêts du public et des localités desservies par les chemins de fer, sur la fixation des heures de départ et d'arrivée.

Attributions
des inspecteurs
de
l'exploitation
commerciale.

Les ingénieurs avaient sous leurs ordres, lorsqu'il y avait lieu, des conducteurs et gardes-mines qui les secondaient pour les détails spéciaux de leurs services respectifs; la résidence de ces agents était fixée à proximité des grands ateliers où se faisaient les réparations, aux points de jonction des sections principales et des embranchements d'où la surveillance pouvait être exercée d'une manière plus active.

Conducteurs
et
gardes-mines.

Le cadre du personnel se trouvait enfin complété par les commissaires de surveillance administrative.

Ces commissaires étaient nommés par le Ministre des travaux publics.

Ils avaient, pour la constatation des crimes, délits et contraventions commis dans l'enceinte des chemins de fer et de leurs dépendances, les pouvoirs d'officiers de police judiciaire; ils étaient en cette qualité sous la surveillance du parquet.

Attributions
des commissaires
de surveillance
administrative.

Les commissaires de surveillance étaient attachés aux gares les plus importantes; ils y stationnaient d'une manière à peu près permanente, pour recueillir les plaintes et les réclamations du public, pour assurer le maintien du bon ordre dans les cours et à leurs abords, dans les salles d'attente et sur les quais d'embarquement, pour surveiller l'application des mesures relatives à la composition, au départ et à l'arrivée des convois, pour constater les irrégularités de l'exploitation; accessoirement à ce service sédentaire, ils étaient chargés chacun d'une certaine circonscription qu'ils inspectaient périodiquement aux époques fixées par un ordre de service de l'ingénieur en chef. Indépendamment des rapports spéciaux qu'ils devaient adresser aux ingénieurs et à l'inspecteur de l'exploitation commerciale, toutes les fois qu'il arrivait un accident ou qu'il se présentait une circonstance exceptionnelle, ils rédigeaient et transmettaient à chacun de ces fonctionnaires des rapports hebdomadaires dans lesquels ils présentaient leurs observations sur les différentes parties du service qui leur était confié. Les commissaires signalaient aux ingénieurs et à l'inspecteur de l'exploitation les faits qui paraissaient constituer des infractions aux règlements, aux décisions ministérielles ou aux arrêtés des préfets. Lorsqu'il y avait lieu, ils constataient par des procès-verbaux toutes les contraventions et plus particulièrement celles qui n'étaient pas de la compétence des conducteurs des ponts et chaussées et des gardes-mines; par exemple, celles qui concernaient les prescriptions relatives à la police des cours des gares et stations, à la composition et au mouvement des trains, à la perception des taxes.

Lorsqu'il arrivait un accident ayant causé la mort ou des blessures, ils se transportaient le plus promptement possible sur le lieu de l'accident en constatant les circonstances par un procès-verbal, et s'assuraient que les autorités locales et l'autorité judiciaire avaient été averties. En cas de crime ou de délit commis dans l'enceinte du chemin de fer ou dans ses dépendances, ils dressaient procès-verbal contre les auteurs présumés, et, en cas de flagrant délit, procédaient à leur arrestation; il en était de même dans le cas d'une tentative de malveillance.

Le caractère d'officier de police judiciaire dont étaient revêtus les commissaires leur conférait une autorité particulière, et notamment le droit d'arrestation en cas de flagrant délit et le droit de réquisition de la force publique; ils devaient en user non seulement pour la répression des crimes et délits spéciaux à l'exploitation, mais encore pour la répression des délits de droit commun qui étaient commis dans l'enceinte du chemin de fer. Toutefois, il est à remarquer que les commissaires de surveillance, quoique investis du caractère d'officier de police judiciaire, n'étaient pas auxiliaires du parquet. Ils devaient donc, lorsqu'ils avaient procédé à une arrestation, remettre l'individu arrêté entre les mains des autorités judiciaires locales.

Aux termes de la loi du 27 février 1850, les commissaires de surveillance administrative étaient sous la surveillance du parquet et lui adressaient leurs procès-verbaux. Néanmoins, lorsqu'il s'agissait de constater des infractions aux règlements d'exploitation, — matières spéciales, parfois d'une appréciation délicate, et souvent de nature technique, — les observations et l'avis de l'ingénieur en chef avaient paru un élément, sinon indispensable, au moins très utile à l'instruction. Aussi la loi décidait-elle que les procès-verbaux dont il s'agit seraient transmis en double original au parquet et à l'ingénieur en chef, et que dans la huitaine du jour où l'ingénieur les aurait reçus il devrait transmettre ses observations au parquet. Quant aux procès-verbaux dressés pour contravention à la grande voirie, les commissaires les envoyaient directement à l'ingénieur en chef, qui les transmettait au préfet avec ses observations.

D'après le règlement d'administration publique du 27 mars 1851, nul ne pouvait être nommé commissaire, s'il n'était Français, âgé de 25 ans au moins, et s'il n'avait été porté sur une liste d'admissibilité dressée à la suite de concours dont le règlement édictait les conditions.

Mais ce règlement fut abrogé par un décret du 22 mars 1852, qui supprima l'examen.

Un arrêté du 30 novembre 1852 remplaça la commission centrale des chemins de fer par un comité consultatif ayant les mêmes attributions, composé de dix-sept membres appartenant pour la plupart au Conseil d'État et aux corps des ponts et chaussées et des mines. Les ingénieurs en chef attachés au service de la surveillance administrative

VI.

Création
du
comité consultatif
des chemins de fer.

3.

des chemins de fer étaient appelés dans ce comité avec voix consultative, toutes les fois que la discussion portait sur une affaire ressortissant à leur circonscription.

VII.
Institution
des commissaires
spéciaux
et des inspecteurs
de police.

Un décret impérial du 22 février 1855 créa, pour l'exercice de la police dans les chemins de fer et leurs dépendances, des commissaires spéciaux et des inspecteurs de police placés sous l'autorité du Ministre de l'intérieur. Une instruction concertée entre le département de l'intérieur et celui des travaux publics détermina les attributions respectives de ces agents et des fonctionnaires du service de surveillance administrative.

Ce dernier service conserva les attributions spéciales qui lui avaient été dévolues par les lois et règlements en vigueur et qui sont résumées plus haut.

Les commissaires spéciaux de police eurent dans leurs attributions tout ce qui regardait les mesures de police ordinaire ne se rattachant pas au service de l'exploitation des chemins de fer. Ils furent chargés de la constatation et de la poursuite des délits de droit commun.

Il fut d'ailleurs stipulé que les commissaires de surveillance et les commissaires ou inspecteurs de police se prêteraient un mutuel concours et se suppléeraient, en cas d'absence ou d'empêchement, pour la répression des crimes et délits de toute nature commis dans l'enceinte des chemins de fer.

VIII.
Institution
des inspecteurs
principaux
de l'exploitation
commerciale.

Un décret du 26 juillet 1852 institua deux grades d'inspecteur de l'exploitation commerciale : les inspecteurs principaux et les inspecteurs particuliers.

Les inspecteurs principaux centralisaient les affaires et coordonnaient les documents statistiques pour l'ensemble des lignes de chemins de fer auxquelles ils étaient attachés; ils étaient pris soit parmi les inspecteurs particuliers ayant au moins deux ans de service en cette qualité, soit parmi les fonctionnaires de l'ordre civil ou militaire comptant deux années de service au minimum.

Les inspecteurs particuliers étaient placés sous la direction immédiate des inspecteurs principaux.

Un arrêté de même date détermina le nombre des inspecteurs principaux et en plaça généralement un sur chaque réseau sous l'autorité de l'ingénieur en chef.

Un décret du 17 juillet 1854 créa les inspecteurs généraux spéciaux pour la surveillance de l'exploitation commerciale et le contrôle de la gestion financière des compagnies de chemins de fer.

Ces inspecteurs étaient membres du comité consultatif; ils formaient une section permanente de ce comité pour toutes les questions placées dans leurs attributions.

Cette section donnait son avis :

1º Sur l'établissement des tarifs et leur application;

2º Sur les conventions internationales et les traités particuliers relatifs à l'exploitation;

3º Sur les émissions d'obligations;

4º Sur les questions de prêts ou subventions, de garantie d'intérêt aux compagnies ou de partage de bénéfices avec l'État.

Elle adressait chaque mois au Ministre un rapport sur la situation commerciale et financière des compagnies, avec des documents statistiques sur la circulation des voyageurs et des marchandises. Ces rapports mensuels étaient résumés chaque année dans un rapport général.

Les inspecteurs généraux faisaient l'inspection des lignes qui leur étaient désignées par le Ministre et recueillaient tous les renseignements propres à éclairer l'Administration supérieure sur les matières rentrant dans leur compétence.

Ils étaient délégués par le Ministre pour procéder à toutes les informations ou enquêtes sur des questions ou des faits spéciaux de l'exploitation.

IX. Institution des inspecteurs généraux des chemins de fer.

Ils exerçaient les fonctions attribuées aux commissaires du Gouvernement pour la gestion financière des compagnies qui avaient obtenu un prêt, une subvention, une garantie d'intérêt, ou avec lesquelles l'État était appelé à un partage de bénéfices.

X.

Création
de la commission
des règlements
et inventions
de chemins de fer.

Un arrêté du 28 juin 1864 créa une commission composée des ingénieurs en chef du contrôle et de délégués du syndicat des grandes compagnies, sous la présidence d'un inspecteur général des mines.

Cette commission était chargée d'examiner les inventions relatives aux chemins de fer, les règlements d'exploitation et les questions techniques qui lui étaient déférées.

XI.

Institution
des
inspecteurs généraux
du contrôle.

Par décret du 15 février 1868, le service du contrôle fut placé sous la direction d'inspecteurs généraux des ponts et chaussées ou des mines.

L'inspecteur général avait sous ses ordres des ingénieurs des ponts et chaussées et des mines et des inspecteurs de l'exploitation commerciale, dont il centralisait le travail.

L'inspecteur général siégeait avec voix délibérative, pour les affaires concernant son service, dans le conseil général des ponts et chaussées, dans le conseil général des mines et dans le comité consultatif des chemins de fer.

Il adressait au Ministre de l'agriculture, du commerce et des travaux publics un rapport annuel ayant pour objet de rendre compte de la situation du service et de constater notamment :

L'état de la voie ;

L'état du matériel fixe et du matériel roulant ;

Le nombre des agents attachés au service de la voie, du mouvement et de la traction, ainsi que l'exécution des règlement relatifs au personnel ;

Les causes et les circonstances des accidents survenus pendant l'année ;

Les progrès de l'exploitation technique.

Le rapport de l'inspecteur général était soumis au conseil général des ponts et chaussées, au conseil général des mines et au comité consultatif des chemins de fer, qui donnaient, chacun pour ce qui le concernait, leur avis sur les diverses parties du service.

Ce rapport et, s'il y avait lieu, les avis dont il avait été l'objet étaient insérées au *Moniteur*.

Un arrêté du 16 février 1871 supprima le comité consultatif des chemins de fer, qui fut remplacé, le 6 janvier 1872, par une commission centrale dont les attributions comprenaient les questions relatives à la concession, à la construction et à l'exploitation des chemins de fer ne rentrant pas exclusivement dans les attributions des conseils généraux des ponts et chaussées et des mines.

Cette commission, présidée par le Ministre, comprenait des membres de l'Administration centrale, des inspecteurs généraux et des délégués des ministères de la guerre, des finances, de l'intérieur et du commerce, et un membre de la chambre de commerce, de Paris ; les inspecteurs généraux du contrôle y avaient voix consultative dans les affaires de leur service.

En mars 1872, les inspecteurs généraux des chemins de fer furent admis à siéger dans la commission avec voix consultative.

XII.
Rétablissement
de la
commission centrale
des
chemins de fer.

Le titre d'inspecteurs généraux donné aux chefs du service du contrôle n'avait pas amené de modifications sensibles dans leurs attributions. Ils continuaient à correspondre directement avec les ingénieurs ordinaires placés sous leurs ordres. Sur les réseaux les plus importants seulement, une division avait été faite en sections à la tête desquelles étaient placés des ingénieurs en chef des ponts et chaussées ou des mines, relevant directement de l'inspecteur général, et centralisant le contrôle de la voie ainsi que celui de l'exploitation technique, en ayant sous leurs ordres à la fois les ingénieurs ordinaires des ponts

XII.
Création
des
ingénieurs en chef
du contrôle
subordonnés
aux
inspecteurs généraux.

et chaussées et ceux des mines chargés de ces deux services dans toute l'étendue de la section.

En 1875, une mesure générale étendit à tous les réseaux cette division en sections, et plaça à la tête de chacune de ces sections un ingénieur en chef, intermédiaire obligé entre le chef du service du contrôle et les ingénieurs ordinaires.

XIV.
Modification
du recrutement
des
inspecteurs
de l'exploitation
commerciale
et
des commissaires
de surveillance
administrative.

Le recrutement des agents du contrôle commercial et des commissaires de surveillance administrative, tel qu'il était organisé, ne présentait pas des garanties suffisantes. Un arrêté du 10 février 1878 décida que, dorénavant, les places d'inspecteur principal seraient réservées aux inspecteurs particuliers de l'exploitation commerciale; celles d'inspecteur particulier étaient, pour moitié, réservées aux commissaires de surveillance administrative, et pour moitié données au concours. Les commissaires de surveillance devaient être recrutés uniquement au concours.

Les deux tiers des places mises au concours étaient d'ailleurs réservées aux anciens officiers retraités, à moins d'insuffisance des candidats de cette catégorie. Une limite d'âge était fixée aussi bien pour les candidats anciens officiers que pour les autres.

XV.
Création
du
comité consultatif
des chemins de fer
et du comité
de l'exploitation
technique.

La commission centrale créée en 1872 avait été en 1877 l'objet d'un remaniement ayant pour but d'étendre le nombre de ses membres et de mieux définir ses attributions (questions de taxes, concessions et cahiers des charges, emplacement des gares, exploitation technique et commerciale).

En 1878, elle fut complètement supprimée. Les attributions en matière commerciale étaient transférées à un comité consultatif créé par décret du 31 janvier, composé de douze à quinze membres pris dans l'Administration et consulté nécessairement sur l'homologation des tarifs, les conventions avec les compagnies, la marche générale des trains, etc.

Les attributions relatives à l'exploitation technique avaient été d'abord transférées à une section créée dans le sein du conseil général des ponts et chaussées et composée des inspecteurs généraux du contrôle. Mais cette section fut bientôt supprimée et remplacée (arrêté du 25 janvier 1879), par un comité de l'exploitation technique dans lequel siégeaient, à côté des inspecteurs généraux du contrôle, des représentants du ministère de la guerre, des compagnies et des membres du corps des ponts et chaussées et des mines. Ce comité était chargé de donner son avis :

1° Sur les règlements généraux et spéciaux de l'exploitation, l'application et l'interprétation de ces règlements ;

2° La police des gares et de leurs cours, le classement et la réglementation des passages à niveau ;

3° L'entretien et le perfectionnement du matériel fixe et du matériel roulant ;

4° Les modifications et améliorations dans la marche et le service des trains ;

5° Les accidents, la recherche de leurs causes et des mesures à prendre pour en prévenir le retour ;

6° Les inventions concernant les chemins de fer.

Les inspecteurs généraux du contrôle y formaient une section spéciale, chargée de l'étude et de l'examen des mesures à prendre pour améliorer et uniformiser le service du contrôle.

Le comité pouvait renvoyer les affaires qui lui paraissaient assez importantes pour recevoir un degré supérieur d'instruction au conseil général des ponts et chaussées ou à celui des mines.

Les inspecteurs généraux du contrôle, malgré leur titre, n'étaient pas membres des conseils généraux des ponts et chaussées et des mines ; ils étaient restés exclusivement directeurs du contrôle. Un décret du 21 mai 1879 les assimila complètement aux inspecteurs

XVI.
Assimilation
complète
des
inspecteurs généraux
du contrôle

aux
inspecteurs généraux
des
ponts et chaussées
et des mines.
Suppression
des
inspecteurs généraux.

généraux des ponts et chaussées ou des mines en les appelant à siéger dans les conseils généraux au même titre que leurs collègues du même corps. Leur mission principale devenait l'inspection du service du contrôle, bien qu'ils continuassent à centraliser le travail des ingénieurs et des inspecteurs de l'exploitation commerciale chargés de ce travail. Ils devaient faire des tournées d'inspection, rendre compte de la situation du service dans un rapport annuel dont les diverses parties seraient soumises, suivant leur objet, aux conseils généraux des ponts et chaussées ou des mines, au comité technique ou au comité consultatif. Ils devaient enfin siéger tous au comité consultatif avec voix délibérative dans les affaires de leur service ; ceux d'entre eux qui appartenaient au corps des mines avaient voix consultative dans le conseil général des ponts et chaussées, et ceux qui appartenaient au corps des ponts et chaussées, dans le conseil général des mines, pour les affaires de leur service.

Un décret du 20 juin 1879 leur transféra les attributions des inspecteurs généraux des chemins de fer, qui furent supprimés.

XVII.
Réorganisation
du
comité consultatif.

Un décret du 24 novembre 1880 a enfin augmenté l'importance du comité consultatif des chemins de fer, en appelant à y siéger des membres du Parlement et des représentants du commerce et de l'industrie, à côté des membres du Conseil d'État, des corps des ponts et chaussées et des mines, des représentants des administrations de la guerre, des finances, des postes et des télégraphes, de l'agriculture et du commerce, et en plaçant le comité sous la présidence du Ministre ou du Sous-Secrétaire d'État. Plusieurs chefs de service de l'Administration centrale en sont membres de droit. Les inspecteurs généraux du contrôle y siègent avec voix délibérative dans les affaires de leur service.

Le comité doit être nécessairement consulté :

1° Sur l'homologation des tarifs ;

2° Sur l'interprétation des lois et règlements, des actes de concession et des cahiers des charges, sur les rapports des administrations de chemins de fer entre elles ou avec les concessionnaires des embranchements;

Sur les traités passés par les administrations des chemins de fer et soumis à l'approbation du Ministre;

Sur les demandes en autorisation d'émissions d'obligations;

Sur les demandes d'établissement de stations ou de haltes sur les lignes en exploitation;

Sur les réclamations relatives à la marche des trains;

Sur l'organisation et les conditions générales de l'exploitation des chemins de fer non concédés en dehors du réseau des chemins de fer de l'État.

Un sous-comité est chargé de l'examen des affaires peu importantes.

RÉSUMÉ DE LA SITUATION ACTUELLE.

Le Ministre, pour l'exercice de son autorité en matière de chemins de fer, consulte:

1° Sur les questions de tracé et de construction, le conseil général des ponts et chaussées;

2° Sur les questions commerciales, les tarifs, les vœux du public en matière de stations nouvelles sur les lignes ouvertes, de marche des trains, etc, le comité consultatif des chemins de fer;

3° Sur les questions d'exploitation technique, les inventions, la marche générale des trains, le comité de l'exploitation technique les avis peuvent être transmis ensuite aux conseils généraux des ponts et chaussées ou des mines.

Le service du contrôle des chemins de fer en exploitation est réparti en sept arrondissements d'inspection, comprenant chacun un grand réseau et les lignes qui s'y rattachent.

Ces arrondissements sont confiés à des inspecteurs généraux des ponts et chaussées ou des mines siégeant au même titre que leurs collègues du même corps au conseil général.

Ces inspecteurs siègent en outre :

1° Avec voix consultative dans les affaires de leur service, au conseil général auquel ils n'appartiennent pas ;

2° Avec voix délibérative dans les affaires de leur service, au comité consultatif des chemins de fer et au sous-comité ;

3° Comme membres de droit, au comité de l'exploitation technique, où ils forment une section spéciale ;

4° Comme membres de droit, dans la commission de vérification des comptes de leur réseau.

Ils joignent aux attributions ordinaires de l'inspection la charge de centraliser le travail des fonctionnaires placés sous leurs ordres ; en pratique, ils ont conservé les anciennes fonctions de directeur du contrôle ; ils donnent leur avis sur la plupart des affaires et servent toujours d'intermédiaire entre l'Administration centrale et les chefs de service placés sous leurs ordres.

Ces chefs de service sont :

1° Les ingénieurs en chef appartenant au corps des ponts et chaussées ou des mines ;

2° Les inspecteurs principaux de l'exploitation commerciale.

Chaque ingénieur en chef chargé d'une section, à quelque corps qu'il appartienne, a sous ses ordres à la fois :

Des ingénieurs des ponts et chaussées, chargés, avec l'aide de conducteurs, de la surveillance de la voie et des ouvrages d'art ;

Des ingénieurs des mines, chargés, avec le concours des gardes-mines, de tout ce qui concerne le matériel roulant, les signaux, la marche et la composition des trains, etc.

Les inspecteurs principaux ont sous leurs ordres des inspecteurs particuliers, parmi lesquels ils sont choisis, et qui sont eux-mêmes recrutés, partie parmi les commissaires de surveillance administrative, partie par un concours où une certaine proportion des places est réservée aux officiers retraités. Ces inspecteurs sont chargés de l'examen des questions de tarifs et consultés, au point de vue des intérêts du public, sur les questions de demandes de stations nouvelles ou de modifications à la marche des trains.

Enfin, des commissaires de surveillance administrative, recrutés par un concours où les deux tiers des places sont réservés aux anciens officiers, sont attachés aux principales gares et chargés en outre chacun de la surveillance d'une certaine étendue de ligne. Ils sont à la fois placés sous les ordres des ingénieurs des ponts et chaussées et des mines et des inspecteurs de l'exploitation commerciale, et ils adressent à tous ces fonctionnaires des rapports hebdomadaires; ils sont chargés principalement de constater les infractions aux règlements, de veiller au maintien de l'ordre, de recevoir les plaintes du public, de signaler les accidents, troubles ou désordres de toute nature, etc., et ont le caractère d'officier de police judiciaire.

Paris, avril 1881.

Imprimerie Nationale. — Mai 1881.